언제나 그랬듯이

사랑의 순정을 그리는

연인들을 위하여

詩와 사랑 8집_언제나 그랬듯이 사랑의 순정을 그리는 연인들을 위하여

2024년 04월 1일 초판 발행

지은이 | 박경철
발행인 | 박찬우
편집인 | 우 현
펴낸곳 | 파랑새미디어

등록번호 | 제313-2006-000085호
서울특별시 마포구 서교동 357-1 서교프라자 318
전화 | 02-333-8311
팩스 | 02-333-8326
메일 | adam3838@naver.com

가격 10,000원
979-11-5721-190-6 (04810)
979-11-5721-106-7 (세트)

시와사랑 8집

언제나 그랬듯이 사랑의 순정을 그리는 연인들을 위하여

青死 박경철

서문

『어린 왕자』에 나오는 한 줄의 글이

심장을 기분 좋게 간지럽힙니다.

"사랑에 대해서 백 번의 말을 하기보다 단 한 번의 사랑의 행동이 더욱 중요하다."

여기까지 살아온 시간을 돌아보니

사랑만큼 두근거림과 열정, 아픔과 순정 그리고 눈물과 환희의 기막힌 조화를 선물해 준 것은 없습니다. 그래서 여전히 지금도 사랑을 노래하며

사랑의 詩를 쓰고 있습니다.

누군가가 묻습니다. 사랑 얘기하면 아직도 가슴이 뜨겁냐고… 또 누구는 그럽니다. 이성도 사랑도 관심 없다고… 사랑이 좋은 것인지도 모르겠다고…

그리고 말합니다. 순정 만화 같은 사랑은 더 이상 존재하지 않는다고…

곧바로 진짜를 만나지 못해서 그런 거라고

대답해 줍니다. 누가 뭐래도 사랑은 한결같은 황홀함이라

고 끝까지 말해 줄겁니다. 그리고 사랑은 순정이라고…

Thanks… 사랑 그 자체이신 하늘 아빠,

원조 사랑꾼이신 천국에 계신 아빠, 그리고 날 너무 사랑하시는 엄마,

사랑의 순정을 노래하게 하는 에스더와

윤호, 청아, 수철, 혜원, 현서, 현아…

詩 같지 않은 나의 사랑詩를 따듯한 마음으로 읽어 주시는 선택받은(?^^) 독자들, 그리고 8년 동안 아름다운 사랑시집을 만들어 주시는 파랑새미디어 대표님께 깊은 감사를 드립니다. 모두 모두 사랑합니다~

나는 여전히 사랑의 순정을 그리며 노래합니다.

2024년 3월 봄이 오는 길목 구래동에서…

제3부 사랑 하나로 충분합니다

제1부

사랑, 그 충분함

추억이 준 선물

금발 찰랑이며
감성의 건반을 터치하는
리차드 클레이더만이
문득 생각난다

아드린느를 위한 발라드는
두근거리는 가슴에
첫사랑의 설렘 가득
마음에 비를 뿌리고
순정 만화 속 주인공으로
시인 같지 않은 시인으로
출발하게 만들었다

아무리 끄집어내도
추억이 촌스럽지 않은 건
이유 없이 좋기만 했던
나의 전부라고 생각한
미친 사람 때문

그래서 오늘 이렇게
미치도록 사랑을 노래하고
미친 듯이 사랑 시를 쓰고 있다
곁에 사랑이 있으니

시인 같지 않은 시인이 되다
첫사랑의 설렘 가득
두근거리는 가슴에

언제까지나

시간의 빠름만큼이나
계절의 변신이
눈도 마음도 정신없이
하늘을 바라보게 합니다

잠깐의 걱정도
순간의 아픔까지도
오늘을 잘 살았다며
흔들리는 꽃줄기를
꼭 붙들어 줍니다

정겨운은 맛깔스런
여전한 시상을 떠올리며
늘 그 자리에서 웃어주는
동행의 끄트머리에서도
뜨겁게 안아줍니다

오늘 여기 이 자리까지

내일도 오늘이 마지막이라는

봄날을 꽃피운 새 울음으로

마지막이라는

봄날을 꽃피운 새 울음으로
내일도 오늘이 마지막이라는

뭐라 써야 하나

가장 아름다운 말
가장 하고 싶은 말
가장 듣고 싶은 말
사랑한다는 말

다른 말을 생각하고
또 생각하고 찾아봐도
결론은 언제나 거기
촌스런 육십 줄 이야기

백세시대에 욕심은 없지만
하얀 수염 어루만지며
팔십 고개는 가줘야
내일을 나눌 얘깃거리
하나둘 떠오를 텐데

가자 가자 해 질 녘까지
가다 보면 눈물도 있을 테고

쓰러졌던 꿈도 나타나

단순한 감정 하나로 버텨온

내 청춘의 자존심

끝끝내 사랑으로 품을 테지

사명

이상한 세상이 되었다
적어도 내가 보기엔
미쳐버린 것 같은 세상이다

한마디로
문명의 이기가 준 혜택은
더 이상 선물이 아니라
끔찍한 저주가 되었다

개인주의와 이기심 철철
양보와 배려는
실종된 지 이미 오래
존재 가치는 돈으로
단단히 품격을 치장했고
사랑은 축복의 소망 아닌
유흥의 선택으로 전락했다

하늘을 더 우러러야

눈물의 진실을 알고
은혜의 눈물을 흘려야
참사랑의 정곡을 깨닫는다
할 일이 더 많아졌다
세상의 실상이 보이니
기도가 절로 나온다
사랑 그 완성을 향하여

사랑 그 완성을 향하여
기도가 절로 나온다
세상의 실상이 보이니

사랑해요

너무 흔한 말
어쩌면 말이 많아
골치 아픈 세상이기에
입술을 다스려
가장 무겁지만
따뜻한 말을 준비한다

기억해 두면 좋을
하늘만큼 땅만큼
유치한 듯 아름다운
마음속 동화 같은
조잘거리는 이야기들
오래전 젖은 추억이라고
활짝 웃어준다

그 어떤 말도
입안을 맴돌고 있다면
눈으로 안아주고

이글거리는 눈빛이라면

가슴으로 이야기하고

쏜살같은 세월은

기억의 일기로 채운다

사랑해요라고 쓰면서

사랑해요라고 쓰면서
기억의 일기로 채운다
쏜살같은 세월은

시 짓는 사랑

그 어떤 연가로도
피어나지 못한 꽃은
성장통을 겪어야만
봄날의 꿈을 만나
향기를 토해내고
천연의 빛깔 옷매무새
고이고이 단장하여
적나라한 연정으로
하루를 안아주고
평생을 손잡아 줄 거예요

보고 또 보는
꽃처럼 고운 인연의 날
숱한 시간이 흘러
오늘을 만들었는데
하늘 끝에 서서
소망의 날갯짓하며

마음 풀어헤치는

하나뿐인 사랑 시

감성을 뜯어먹으며

맛있게 뜸들어갑니다

평생을 손잡아 줄 거예요
하루를 안아주고

사랑 본능

장밋빛으로
토해내지 못하면
기다림은
스미는 그리움 되어
풀잎 이슬로
눈물 흘리고

보고픔 꽁꽁 묶은
만리향의 심정
숨기려야 숨길 수 없는
눈빛 독백으로
벌써부터
사랑 와락 안아 버렸다

자지러지는
화원의 합창으로
오늘을 살아보라고
조용히 속삭이면서

봄, 센티멘털

기다려온
계절의 여왕
투명하고 청초한
들풀에 깃든 햇살로
반갑게 인사하고
그토록 그리워했던
설렘 주던 만남의 날
분명한 봄날의 약속이었다

며칠 되짚어 가면
잔인한 4월의 하소연은
개화를 부추기던
찬란한 태양의 절규에
향 가득 머금은 봄오리로
속 깊은 마음 드러내고
어느덧 추억을 예비하는
사랑 바보가 되어 있다
이렇게 너와 나로

천천히 사랑

셰익스피어가 그러더라
향기로운 꽃은 더디고
잡초는 빠르다고

세상살이가 그렇더라
진실은 꿈길 같고
허욕은 바람 같아
손바닥으로 하늘을 가려
눈물도 코웃음으로
진실을 모욕한다

사랑다운 사랑을 위하여
입맛에 쓰디쓴 충고가
위로의 열매를 맺도록
마음을 가다듬어
마라의 쓴물을 휘젓는다

사랑의 소식은

눈치를 살펴 가지 않고
잇몸을 가리지 않은
절절한 고백으로
주고 또 주어도 부족한
작아도 예쁘고 고운
샘솟는 기쁨의 풀뿌리다
끝끝내 살아남는
생명의 신비이기 때문에

천천히 가자
어차피 우리의 시간이니까

잡초는 빠르다고
향기로운 꽃은 더디고
세익스피어가 그러더라

바람처럼

쉴 틈 없는
바람처럼
정으로 산다면

사랑의 끝은
기쁨의 안성맞춤
그리고 배려
또다시 기다려지는
환희의 절정

쉽고
단순하게
은혜라고 고백하라
사랑은
늘
나를 부를 테니까

바람처럼만 살자

감성의 뿌리까지도

흔들어 놓을 수 있게

사랑은 늘 나를 부를 테니까
은혜라고 고백하라
쉽고 단순하게

언제나 그랬듯이

기분이 좋다
아침 첫눈에 안긴
고난의 세월을
사뿐사뿐 쌓아온
작은 그대가 있어서

향기가 좋다
머릿결에서 날리는
기분 좋은 음표가
오래전 함께한
5월의 숲을 거닐며
숨차게 가슴 뛰던
예쁜 그대가 있어서

어제도 좋았고
오늘은 더 좋고
내일은 훨씬 더 좋을 거다

내 안에 그대가 있어서

언제나 그랬듯이

내일은 훨씬 더 좋을 거다

오늘은 더 좋고

어제도 좋았고

사랑의 능선

나는 안다
땡볕의 알싸함을

속 썩어 문드러져도
새살 돋듯
여명을 몰고 오는
막을 수 없는 열정
온 세계가 바라보는
단순한 까닭
끄덕끄덕 알 만하다

나는 안다
감정의 오묘함을

살가운 빗줄기
지겹다고 느껴질 땐
세월의 수고가

무겁게 업혀 있어서

삭신을 주무르며

긴긴 밤잠을 청하는

공감 백배 인생 후반전

그래도

그럼에도

여전히 사랑하는 건

살아있기 때문이다

알싸함도 오묘함도

사랑의 능선

사랑의 피

사랑을 향한
순수 신뢰와
혈관에 흐르는
십자가 고난의 진액이
계절의 여왕을
향기롭게 하고
숨 막히는
바이러스의 압박을
천천히 정복해간다

기쁨이
자족함이
행복이 어렵지 않더라
믿음으로 자녀 되었듯
사랑 안에서
보이지 않는 산소로
빛살 내리는 위로로

오늘을 살아간다면

끈끈한 검붉은 피

생수 되어 흐를 언약이다

아름다운 사람

아름다운 사람

세월 흐를수록
큰 그늘 펼쳐주는
느티나무처럼
기분 좋은 쉼터이고 싶다

아름다운 사람

불어날수록
강이 되고 바다 되어
평안을 안겨주는
한줄기 물처럼
속 깊은 쉼터이고 싶다

아름다운 사람

때로는 부모님처럼

언제는 선생님처럼

그리고

아이처럼

친구처럼

연인이 되고

사랑으로 남아있는

참 아름다운

따뜻하고 기분 좋은

멋진 동행자로

기억되고 싶다

꿈 그리고 시인

사랑 짓는 시인
오늘도 사랑이 고프다

감정의 조각들
혈관을 타고 흐르다
추억의 꿈이라도
생각날 때면
기꺼이 마중 나가서
웃든지 울든지
마음 내키는 대로
허벅허벅 걸어가야지

느낌의 파편들
눈물을 타고 내리다
미치도록 꽂혔던
불면의 사랑이 떠오르면
심장 커튼 걸어 내고

볼 것도 없이 달려가
와락 안아 버려야지

사랑을 노래하는 시인
오늘도 시를 쓴다

오늘도 시를 쓴다
사랑을 노래하는 시인

비가 되고 싶다

비가 되고 싶다
그냥
그저
아래로
밑으로
내려주기만 하는
착하고 고운 사람이고 싶다

비가 되고 싶다
주룩
쏴아
촉촉하게
시원하게
적셔주기만 하는
멋지고 맛있는 사람이고 싶다

비가 되고 싶다

눈물로

추억으로

충만함으로

치유함으로

자유를 키워주는

사랑 가득한 시인이고 싶다

비가 주는 감성

온종일 내리는 비
참 좋다
촉촉한 피부
처음 손끝에 닿았던
기분 좋았던 그날
세상을 다 얻은 것 같은
마음 잔잔한 호수
대지를 품은 하늘로
하루를 신비롭게 보냈다

밤이 깊어 갈수록
야화를 부르듯
하늘은 눈물을 쏟아내며
젖은 가슴으로
꿈길을 걸어가자고
자꾸만 품을 파고든다

반전이 될지도 모르는

비포 선라이즈의

환상적인 하룻밤 동행이

부슬비 스며들어

가슴을 적셔버린다 해도

우리 첫사랑은 영원할 거다

부슬비 스며들며
피포 선아즈의
반전이 될지도 모르는

오월이면

오월의 햇살이 반갑다
어제처럼 지나간
삼십 년 훨씬 넘은
아무리 생각해도
촌스럽기 그지없었던
스물다섯 파릇한 청춘
봄날의 호기에 맞서
부러울 것 없는
세상 하나뿐인 사랑을
하늘 아래 언약으로
심장 옆에 고이 보관했다

세월 흐른 먼 훗날
걸어갈 힘이 부치면
그냥 제자리에서 손잡고
하늘 보며 노래 부르면
지난날 함께한 기억들

오월의 바람 타고 날아와

촉촉한 이슬 눈가에 앉는다

뭉클한 심정으로

뭉클한 심정으로
오월의 햇살이 반갑다

사랑, 그 충분함

눈부심의 희열은
사랑하는 사람만의
무조건 특권이라고

아침을 깨우는
부지런한 사람이
일출의 웅장함 느끼듯

까보일 수 있는 것이
마음이라면 좋을
눈부심과 황홀함은
사랑 하나로 충분하다

피 사랑

— 갈매못 성지에서

선홍의 피 뿌림

단 하나의 이유
사랑이었습니다

날 사랑하신
하나님의 사랑
그 사랑에
눈물로 화답합니다

지금 살아있고
또 앞으로 살아갈
그리고 제대로 죽을
단 하나의 이유
사랑 때문입니다

사랑 때문입니다
단 하나의 이유
그리고 제대로 죽을

깊어져 가는 사랑

그렇게도 바람불더니
찌꺼기 내몰고
파란 하늘 마련했다

푸르디푸른
맑은 수정 같은 거울로
빛나는 여름을
죽도록 연모하며
뭉게구름으로 가리고
눈물 뚝뚝 흘린다

깊은 밤을 뜯어 먹으며
그렇게 아파한 날들도
새날의 향기 이기지 못하고
한 그루 나무 아래 앉아
꽃에 내일로 가자고
흥얼흥얼 노래 시작한다

그날

하고 싶은 말은 많은데
쓰고 싶지 않은 기분
그래도 사랑은 여전함

마음은 가득한데
그냥 바라보는 것으로
표정을 관리하는
사랑의 정체는 바보

구름도 가고
바람은 불어와
꽃잎 시들어 떨어져도
씨앗으로 살아
다음 계절 기다리는
길고 긴 꿈나라 여행
그날은 오고야 만다

당신이 좋다

쉼을 누린 기쁨
다독이는 손길
끝없는 사랑의 길
곱고 아름다운 눈빛으로
힘겨운 날들 안아주고
넉넉하게 웃어준다

잠시 흔들린 아픔
손 내밀어 따뜻하기만 한데
잠깐 넘어졌어도
끝끝내 기다려주는
싱그러운 봄 햇살
그게 바로 당신인 걸

속삭임이 그립더라
어디에서 무얼 하든
힘이 되어주는 당신은

그저 감동의 물결

당신이 좋다

그저 감동의 물결
힘이 되어주는 당신은
어디서 무얼 하든

사랑, 그 힘

뜨거운 것만이
꼭 사랑은 아니야
우선이 아닌 것들에
마음이 쓰이지 않는
차가움이 있으니

그래서 사랑은
열정과 냉정을 넘나드는
십자가 그늘 아래
눈물의 구도자
가슴 저미는 결단
이루어져야 할 영원
못 말리는 두근거림

사랑스런 만남은
덮어주고···아픔을
닦아주어야···눈물을
그제야 보이는 마음

훨훨 날갯짓

생각만 해도 힘이 난다

뜨거운 것만이
꼭 사랑은 아니야

6월의 연가

6월아
달려오느라 애썼다

봄볕을 보내고
여름 채비하느라
구름이 많이도 흩어지고
나뭇가지 초록으로
무겁게 쳐지며
숨 헐떡이는
오늘을 붙잡아 앉힌다

꿈속 달리던
꿀벌들의 향연을 쫓아
낭떠러지 바위틈에도
연정의 꽃 피어나고
그냥 흘러 지나기에는
정으로 영글어진
우리 사랑이 아름답다

6월아

갈 테면 가봐라

갈 테면 가 봐 라
유월아

그리워하자

그리운 건
언제나 당신이었고
외로운 건
흐린 하늘 아래
정말 분위기 맞춰
스쳐 들리는
Bee Gees의 애절한 음성
Don't forget to remember me

추억이 아름다운 건
나이를 먹어서일까
문명의 이기가 앗아 가버린
미루나무 꼭대기 조각구름
필름을 되돌릴 수 있다면
파란 하늘과 함께
순수의 노래 부를 테다

세상 아무리 삭막하고

멋대가리 없어져도

초록빛 바닷물에

두 손 담그고 추억 찾아

노래하고 사랑할 거다

당신 만났던 그날

눈시울 뜨거워질 때까지

그리워하자

눈시울 뜨거워질 때까지

당신 만났던 그날

사랑은 꽃이다

내가 그랬다
사랑은 꽃이라고

멀리 있으면 그립고
가까이 있으면 만지고픈
피어있는 그대로 아름답고
바라만 보아도 향기로운

아무리 만들어내도
고운 빛 흉내만 낼 뿐
부드러움과 우아한 촉감
미쳐버릴 듯 눈물 난다

섬스런 자태에
매혹적인 향기에 흔들리고
그리워 보고파서
마음도 눈동자도 흔들리고

여전히 꽃은

향을 토해내며

흔들리고 있다

사랑은 꽃이다

바라만 보아도 향기로운
피어있는 그대로 아름답고

사랑, 그 단순함

그냥 좋다고 해
나니까

살아보니
자꾸 이유가 붙는 건
사랑도 미움도 아니더라

그냥 좋다고 할게
당신이니까

살아보니
이유 없이 날 사랑하는 사람
당신뿐이더라

정말 쉽고 단순한
사랑의 공식
내가 더 많이 좋아해주면
아무 문제 없음

죽도록 사랑하리라는

한가지 욕심만으로

아무 문제 없음

내가 더 많이 좋아해주면

사랑, 그 신비함

왜 그런 거 있지
외면했지만
낯간지러운 느낌

사랑이 그런 거더라
숨겨도 보이고
뜨겁게 끓어오르는

그래도 사랑이 좋다
굴곡진 시절 신음도
손잡아준 온기로 잠들고

왜 그런 거 있지
눈만 감았는데
심장 벌렁거리는

사랑이 그런 거더라
마주하면 예쁘고

안아주면 하늘을 나는

그래서 사람이 좋은 거다

안아주면 하늘은 나는
심장이 벌렁거리는

그냥

쉼을 누린 영혼은
아름다운 길을 가고
넉넉하게 이겨나온
힘겨운 순간 눈물들이
햇살에 영롱함으로
이슬에 청초함으로
뚜벅뚜벅 다가옵니다

연약한 마음 새벽의 숨
늘 촉촉하고 싶지만
아침의 행복을 모르는
거친 들을 달려온 발길이
만남의 갈증 가득 안고
오래전부터 푹 빠졌던
사랑이라는 감정으로
손잡아 주고 안아주고
그냥 깊은 잠에 빠집니다

완성

아낌없이 고백하라
낙엽 우는 밤이 오면
혼자만의 아픔이리니

시린 헤어짐은
두고두고 눈감지 못하는
피지 못한 꽃이 되리니

수천 날을 또 흘러도
그리움은 추억이 아닌
상심의 바다 되리니

오늘 사랑할 수 있음은
고난의 동산에 오른
십자가 타고 흐르는 피 되리니

참 만족함

마음으로 말하는
따뜻함 배어 있는 날에
향기는 스며들고
웃음꽃은 피어난다
느낌만으로도 알 수 있는

묵직한 부담감으로
처졌던 어깨 두드리며
훈훈함 전해오는
맑고 밝은 날 끄덕임이
살며시 고백으로 안겨 오고

바라지는 않았지만
그 이상으로 감싸준
배려와 베풂이
젊음을 한 뼘은 보냈지만
내일의 몫까지 품어

행복은 한아름 되었다

그저 뿌듯함으로

행복은 한아름 되었다
바라지는 않았지만

바이러스와 백신

기다림
미소
인연과 어울림
익숙한 관계의 바이러스

설렘
만남
열정과 고백
친밀한 사랑의 백신

기다림으로 설레고
미소로 만남이
인연은 열정으로
어울림은 고백으로
익숙한 관계는
친밀한 사랑으로
바이러스가 되고
백신이 된다

함께

봄날을 배웅해야
뜨거운 여름이 찾아오고
꽃잎을 떨어내야
초록 이파리 꿈을 꾼다

아직도 흘릴 눈물이
남아있다면
곧 다가올 아카시아
뚝뚝 꿀 흐르는 향기에
가득 적셔주면 되겠다

이만큼 세월을 붙잡아
새치와 벗을 삼고
진해지는 주름으로
추억도 눈물도 담아
소망으로 걸어간다
끝까지 정말 끝까지
늘 그랬듯 둘이 함께

사랑의 계단

사랑을 몰랐을 때
아주 어리고
엄마 품이 좋았던
밤하늘 별 헤던
꿈 많은 아이는
그리움을 희망이라고
노래 불렀습니다

한 줄기 바람
기분 좋은 한낮의 꿈길도
꽃을 피우기 위해
조금씩 익어가는
시간의 손길 속에서
깃털 같은 부드러움을
해맑은 동행의 눈길로
안아주고 토닥이며
정이라는 사랑의 씨앗을
가슴에 뿌리기 시작합니다

훌쩍 어른이 되고

싹이 트고 꽃 피어날 때

가슴 찌릿한 눈물은

곁에서 수고의 열매로

눈으로 마음으로

송두리째 들어왔습니다

송두리째 들어왔습니다
훌쩍 어른이 되고

사랑은··· 푹 잠긴

사랑은 우연의 옷을 입은
필연의 춤사위

기억이 희미하다고
못난 사랑이 아니다
마음 판에는
또렷한 별빛으로
깊이 박혀있는 징표

껍데기 한 겹 벗겨내면
붉은 심장의 박동이
눈물의 감격으로 드러나
지워지지 않는
달그림자 불러내는
그리움의 연가 애달프다

사랑은 숨겨진 감정 뒤로

이미 움켜쥔 상생 소유

푹 잠긴 화음

푹 잠긴 화음
사랑은 숨겨진 감정 뒤로

비와 눈

신기하다
왜 추억은 비 내린 날과
눈 내리는 날만
기억이 나는 걸까

알았다
혼자만의 시간은
인상 깊게 남지 않는다

빗줄기의 잔영이
귓전을 간지럽히는
창문 두드리는 빗소리로
사랑스럽기만 한
한 폭의 수채화 그리고

소리 없이 내려
사박사박 발 도장 찍으며
아주 절묘한 오브제로

낭만 넘치는 풍경화가 된다

사랑의 감성은
빗물에 젖어 들어
흰 눈 속에서 완성된다

흰 눈 속에서 완성된다
빗물에 젖어 들어
사랑의 감성은

사랑은 흉내가 아니다

하루를 살아도
사랑하고 있다면
내일이 슬프지 않다
오늘이 전부이기에

내일을 걱정하는
바보 중 진짜 바보가
사랑을 알 리 없다
지금이 진짜이기에

조금씩 알아가는
소유와 관계없는 사랑
여전히 고개 가로젓는
불쌍한 속물들에겐 사치

난 세상에서 가장 화려한
사랑을 하고 있다
누구도 넘보지 못할

키 재보기 하려면

얼마든지 받아줄 거다

언제나 자신 있으니까

내일이 슬프지 않다
사랑을 하고 있다면

우리 사랑은

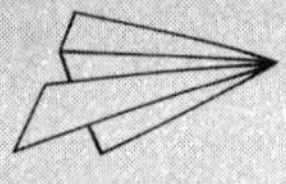

사랑은 물에 타야
잊혀야 사랑이다
사랑, 한결같음
물과 구름 같은 사랑
사랑 그리고 행복
사랑은 그냥 좋다

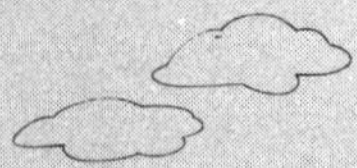

기다리면
사랑, 언제까지나
그럴 수밖에
내 사랑
사랑의 자람
비행기 안에서
사랑의 세레나데
사랑은 함께
사랑, 살 만한 이유
사랑은 오늘도 꿈을 꾼다
아침 묵상
원색적 사랑
아담과 이브 그리고 우리
열대야 사랑
결론은 사랑
사랑이 되려면
살아가기
사랑, 늘
아름다운 사람
유언
사랑 춤판
사랑의 말
사랑하기에
술래잡기
앎
희망가
끈기
숨같은 사랑

제2부

사랑, 살 만한 이유

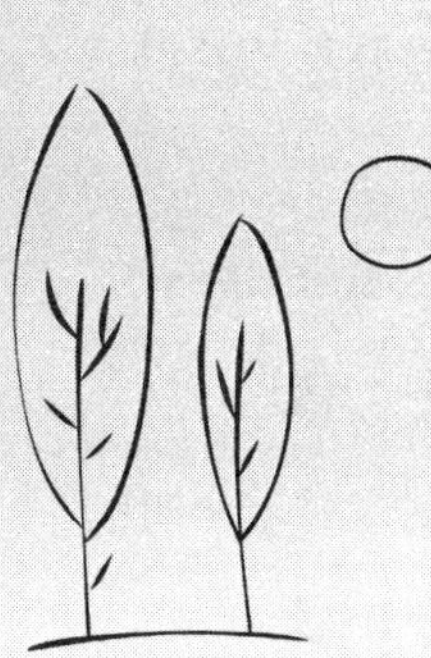

우리 사랑은

언제나 웃음 띤
가깝고 편안한 사람
늘 보고 싶고
기대고 싶은 사람
그런 사람이
참 좋고 부드런
사랑하는 사람

고백도 없고
열정도 없는
날이 가고 해가 가도
건조한 만남은
사랑을 빙자한 위선

세상이 비웃어도
웃음으로
사랑이 끊어져도
믿음으로

연습 같은 실전으로

실전 같은 연습으로

오늘을 함께 간다

있는 모습 그대로

우리는 그런 사람

실전 같은 연습으로
연습 같은 실전으로

사랑은 물에 타야

사랑은 물에 타야
제맛이다

그리움도
추억의 시간표도
물에 넣어
휘휘 저어주면
너그러운 웃음으로
바다가 된다

사랑은 물에 타야
제맛이다

눈물도
꿈같은 바람도
물에 넣어
흔들어주면
돌이킬 수 없는

매력이 된다

물 같은 사람은
싱거운 사람이 아니다
모든 걸 다 품어주는
속 깊고 넓은 하늘이다

속 깊고 넓은 하늘이다
물 같은 사람은

잊혀야 사랑이다

언젠지 모르겠다
시내버스 흔들흔들 손잡이가
사라져 버렸다
기억도 나지 않는데

사랑은
마음의 할퀴도
연모함으로 눈물 삼킨
대책 없는 설렘도
하나된 어느 날
소리도 없이 사라졌다
사랑의 정석이란다

인생은
추억을 먹고 살지만
사랑은
내일을 갖기 위해 산다

흔들리는 버스에

오늘을 기대고 앉아

어제를 버리고

사랑 시 읊조린다

사랑 참 좋다

내일 갖기 위해 산다
오늘을 기대로 앉아
어제를 버리고

사랑, 한결같음

사랑을 노래하고
또 시를 지어내고
사랑이 정말
질려 버릴 때가 있을까

내가 어리숙한 건지
세상이 되바라진 건지
내게 사랑은
이 세상을 살맛 나게 하는
언제나 한결같은
가슴 따뜻한 교향시

바보 같다고 말해도
단념이 되지 않는
사랑 앞 무장해제가
긴긴 세월을 감싸
흐르고 또 흘러
청포도 익어가는

둘만의 그곳에

짙은 향으로 마중 나간다

단념이 되지 않는
바보 같다고 말해도

물과 구름 같은 사람

물 같은 사람은
사랑할 줄 아는 사람
구름 같은 사람은
사람을 아는 사람

살아온 만큼
주지 못해도
살아갈 만큼
줄 수 있는 마음 있으면
물도 구름도
질펀하게 펼쳐지고

세월의 흔적으로
켜켜이 쌓여가는
철부지 시절
삶의 무게마저도
빛바랜 화석이 되어

더는 아파하지도

후회하지도 않을

물과 구름이 되어

사랑다운 사랑하자

사랑다운 사랑하자
물과 구름이 되어

사랑 그리고 행복

앙드레 말로의 말처럼
오랫동안 꿈을 그리다
그 꿈을 닮아가는
사랑의 거울이고 싶다

침묵으로 대신하는
사랑의 향기가
길고도 짧은 인연의 길에
오늘도 바라봄으로
동행을 감사함으로 고백한다

행복의 이유를 찾기보다는
행복한 길을 걸어왔음에
감사의 기도를 드리고
더 많이 갖기보다는
여기까지 누려 왔음으로
자족의 은혜를 노래한다

오늘 거울 앞에 서 있는
최고의 행복 자
또 하루를 산다
사랑으로

최고의 행복 자
사랑의 거울이고 싶다

사랑은 그냥 좋다

눈감아서 그리운 게
사랑이라면
깨어나지 않을
꿈을 꾸겠습니다

눈을 떠서 보이는 게
사랑이라면
첨병을 세워서라도
밤을 깨우겠습니다

눈감아도 눈을 떠도
사랑은 언제나
콩닥거리는 숨으로
줄다리기를 하고 있습니다

곁에 있는 것이
사랑인 것을
철없어도 좋았고

기다리면

하늘이
많이도 흐느낀다
아픈 일이 많은지

먼지로 더럽혀졌던
빛바랜 잎새들
잿빛 눈물 떨어내고
이제 좀 살 것 같다며
바람이랑 놀이 시작한다

울 만큼 울어야
속이 풀리듯
천천히 피어나는 꽃이
더 귀하고 아름답고
세월 속 묵은 장맛처럼
정으로 깊어진 사랑
천년의 고백으로 노래하면
더 이상 말이 필요 없다

사랑, 언제까지나

첫 만남 후
여기 이 자리까지
따뜻한 눈으로 봐주며
어둠의 그늘 몰아내려
눈을 감고 또 감는다

가슴 떨릴 때는 밤을
하얗게 지새며
무너진 추억을 불러내
차가워진 손에 쥐고
노래 한 자락 흥얼거리면
상실의 늪 어느새
흐르는 시내 되어 흐른다

언젠가는
붉게 물든 시간 속 그림
조금씩 색 바래져 가면
그리웠다 말하며

사랑을 노래하고

또 이야기하겠지

철들어도 복에 겨워합니다

또 이야기하겠지
사랑을 노래하고
그리웠다 말하며

그럴 수밖에

평생을 보듬어서라도
한날에 눈감을 수 있다면
여기까지의 시간은
결코 길지 않은 동행

채워지지 않은 빈 가슴
어딘가에 남았다면
평생을 두고 어루만져
기도의 줄로 묶어
달과 별에 엮어주고
꿈이어도 좋을 여행 떠난다

문득 출렁이는 바다에
추억이라도 잠기면
밀물에 사랑 실어 반기고
썰물에 이별 실어 배웅하니
이래저래 그리움이 춤춘다

평생 살 것처럼

꿈을 꾸라고 했는지

내일 죽을 것처럼

오늘을 살라고 했는지

그래, 알 거 같다

사랑이 깊으니 그럴 수밖에

사랑이 깊으니 그럴 수밖에
오늘을 살라고 했는지
내일 죽을 것처럼

내 사랑

톨스토이가 그러더라
이 세상에서
가장 소중한 사람은
내 앞에 있는 사람이라고

풋절남이 되고
아버지가 되더니
어느새 할아버지 되어
소중한 사람이 많아지고

젊음도
열화와 같은 시절도
흑백의 추억으로 낡아지지만
그리움은
하나도 변하지 않고
여전한 사람을 꿈꾼다

별이 아니어도

꽃이 아니어도
오늘도 주고 싶은 건
말하지 않아도 알겠지
하늘이 눈 깜빡였다

내일도 안녕할 거다
곁에서 손잡고

내 앞에 있는 사람이라고
가장 소중한 사람은

사랑의 자람

여명을 깨우는
향기 가득 야화의 몸부림
달빛 이슬로 배웅하며
애간장 녹이고

마음에 기쁨 새겨
편안함 주는
먹구름 뚫은 빛줄기
애절한 기다림은
몇 번이고 마중 나가
하늘을 안아주라 한다

최고의 기쁨 쟁여놓은
눈길 닿는 곳
구석구석마다
그리움의 공간 채워주는
사랑의 열병이라 이름하며
햇살 뚝뚝 떨어져

심장 적셔 흘러넘치도록

마음 판에 새겨

눈 속에 담아둔다

비행기 안에서

하늘을 난다
구름 위를 날아간다
거대한 쇳덩이가
대기를 가른다

속도감을 느낄 수도 없이
굉음을 내뿜으며
흔들흔들 춤을 춘다

귀 조금 먹먹한 거 빼고는
꾸벅꾸벅 졸음을 부르고
그리움이 그리워진다

긴긴날 앞서 달렸으니
이제 뒤에서 천천히
따라가는 센스를 가져야지
두 손 꼭 잡아줄게

힘 풀려 넘어지지 않게

잠 깨어나면

사람의 세레나데

소중한 사람은
늘 마음속에서 기다린다

함께 함을
당연하게 생각하지 않고
당연히 함께 있어야
소중함을 깨닫는
존재의 의미

무욕의 평정심만이
사람을 곁에 두고
바라볼 수 있음을

좋은 것이 끝이 없다면
이미 좋은 게 아닐지라도
끝까지 배려하고
하늘이 주는 위로를
감사함으로 노래한다

사랑은··· 함께

사랑이 사랑인 이유를 알았다
사랑을 그 어떤 말로 미화해도
함께하지 못하는 것은
사랑이 아니라 고통일 뿐이다
사랑이 사랑인 이유는
함께하기 때문이다

어제 봤어도 오늘 함께하고
내일이 와도 곁에 있어서
또 손잡아 주어야 할
지금 여기에서의 함께함이
진짜 깊은 사랑의 의미이다
사랑이 사랑인 이유는
함께하기 때문이다

사랑, 살 만한 이유

아프고 슬퍼도
아름다운 이유
눈물이 있어서입니다

아쉬운 탄식
후회스럽지 않음은
진실이 있어서입니다

가진 것 적어도
감사할 수 있음은
자족함 때문입니다

꽃이
꽃으로
꽃에게
꽃의 고백으로
딱 한 마디 주는 말
"사랑해"

살 만한 이유
분명합니다

감사할 수 있어서
진심이 있어서
눈물이 있어서

사랑은 오늘도 꿈을 꾼다

오늘 보내고 나면
내일도 좋을까
또 다른 오늘로
기분 좋아질까
어제 짜증은 사라질까

세상사 모든 게
내 뜻대로라면
잠시 웃어보겠지만
이내 지루함에 빠져
허우적댈 거야

사랑을 모를 땐
사랑이 그리웠고
사랑을 알았을 땐
사랑을 놓치기 싫고
사랑 하나로
세상만사 형통이로세

세월도 어쩔 수 없는

사랑의 힘

그 무한한 가능성

사랑이기에 가슴 쓸어내리고

사랑이기에 눈물 삼키며

오늘을 감사하는

내일의 사랑 꿈바라기

내일의 사랑 꿈바라기
사랑이기에 눈물 삼키며
사랑이기에 가슴 쓸어내리고

아침 묵상

어쩌다 한번은
울고 싶을 때가 있다
사명의 고개
아픔의 언저리에서
십자가의 땀방울로
씨름하고 있을 때
하늘 아래 운무가
별것 아니라며
빗줄기를 만들어 낸다

어쩌다 한번은
울고 싶을 때가 있다
품고만 싶은 향기가
힘없는 낙화에
털부덕 앉아 버리며
이마에 땀을 닦아주고
돌아올 수 없어도
돌아가고 싶은 초우

그날의 느낌을 부른다

여전히 이 아침
고마운 사람
예쁜 사람이라고
힘차게 박수친다

원색적 사랑

원색적인 사랑이
진짜 사랑답다

태초에 인류를 향한
조물주의 사랑이
흉내낼 수 없는
원색이었으니까

핏빛으로
뜨거운 심장을 만들어
십자가를 세우고
죽음보다 강한 사랑을
입 아프도록 외친다

세상 끝 날까지
함께한다고 하니
미친 가슴일 수밖에
원색적일 수밖에

그 사랑 먹고 살아

그 사랑 주고 싶다

아주 원색적으로

끝까지

사랑답다

원색적인 사랑이

아담과 이브 그리고 우리

우리에게는
한마디 말로
분홍 꽃이 피어난다

에덴동산에서
아담이 이브를 만난
첫날에
무슨 말을 했을까
살아오며
한 번도 들어본 적 없어
오늘 문득
그 세계로 날아가 본다

조물주의 의중은
단번에 짝으로
만남을 주셨기에
가장 아름다운
사랑의 협연이 아닐까

아담과 이브에게
감정의 화음은
더 이상 논란의 여지가 없다

"사랑해"
"나두요"

쑥스러워도
할 수 없다
우리의 화음 역시
긴말이 필요 없다
한 마디로
분홍 꽃이 피어나니까

열대야 사랑

자정이 넘었는데
매미가 울어댄다
근데 참 이상하다
울음소리가 힘이 없다
축축 늘어지게 운다

곁에서 함께 울어대는
풀벌레 소리도
기운 다 빠진 바람 소리
늘어진 카세트테이프 같다

열대야의 고난은
표현하기 참 어려운 기분
삐질거리는 땀으로
처절한 승부를 벌이며
밤을 하얗게 넘기고
비린내 나는 미지근한 바람
다시 또 얕은 잠을 깨운다

이렇게 세상은 병드는가 보다

슬퍼지는 가슴

어쩔 수 없다

꿈이라도 꾼다

언제까지나 열대야 같은

그런 사랑을 하고 싶다고

그런 사랑을 하고 싶다고
열대야 같은
꿈이라도 꾼다

결혼은 사랑

가르쳐 주지 않은
본능적 느낌
그걸 사랑이라 한다

꽃처럼 예쁘다고
하늘처럼 푸르다고
호수처럼 맑다고
뭐든 갖다 붙여도
숨결에 익숙한 사람

웃음기 사라진
코로나의 짜증에
더 많이 생각하고
더 많이 손 내밀면
적어도 후회는 없을
아름다운 시詩 태어날 거다

단 한 가지 이유

사랑 하나로

충분하기 때문이다

충분하기 때문이다
사랑 하나로
단 한 가지 이유

사랑이 되려면

살아온 날 돌아보면
지치고 힘들어 아파할 때
하나 된 마음으로 견디는 날들이
웃음의 향기로 번지는 삶인데

껍데기에 거슬려
눈물이 되고
아픔이 되어야만 할까

또 한 번 알면서 겪어버린
치명적 고통을 떠안기 싫어
가을의 열매 맺히기 전에
무성한 곁가지에 달린
작은 꽃의 미련을 떨쳐내야
터널 끝 뻥 뚫린 하늘
오랜만에 다시 느끼는
내 사랑의 기쁨이 된다는 것을

살아가기

다 아는데
다 알면서도 어쩔 수 없는
바보 같은 마음
사랑 하나로 살아가기

아무리 사랑이 마음이라지만
멀고 먼 거리의 애달픔은
아픈 그리움이기에
곁에서 웃음으로 살아가기

알게 모르게
정이어도 좋고
설렘이어도 좋을
살아가는 동안
남부럽지 않은
연인으로 살아가기

사랑, 늘

그리운 날들이 많다
세월을 그토록 잡아먹고
더 이상 달아나기 싫은
젊지 않은 날들을
멈춰 세우고 싶어서일까

자꾸만 시간을 되돌린다
그런다고 가지도 못하지만
추억 하나만으로도
지금 상처투성이 싸매고
미소 한 모금 먹을 수 있으니

청춘을 보며 기분 좋게 웃는다
아직도 마음은 생생한데
한참 걸어간 발걸음
주저앉아 뒤돌아보며
시큰거리는 무릎 감싸고
두 손 꼭 마주잡는다

아빠 엄마 떠나셔도

내가 쭈그랑이가 되어도

새끼들이 어른으로 자라도

사랑의 속성은 늘 그 자리

사랑의 자리는 늘 뜨거움

사랑의 속성은 늘 그 자리

새끼들이 어른으로 자라도

아름다운 사람

사각사각 파삿파삿
빗소리 그립지만
아직 신록이 무성하고
비 개인 푸른 하늘
촉촉한 햇살 내리는
헐떡이는 바람
뜨거운 가슴이 살아있다

말이 아름다운 건
사람이 아름답기 때문이라죠
고맙다고
미안하다고
사랑한다고
보고 싶다고
함께 있고 싶다고
어떤 고백을 던져도

아름다운 당신

멋지게 세월에 승차하셨네요

사랑한다고
미안하다고
고맙다고

유언

존재를 존재답게
내일의 희망을 외치며
인간성 해방의 세계를
거침없이 보여준
강렬하지만 짧은 생
안톤 체호프의 세계는
사할린의 체휼로 적셔
코로나에 울먹이는
군상들에게 뿌린다

44년 삶의 마감
아내 올가와의 3년의 동행
마지막 유언[1]을 들으며
주야장천 내 인생의 외침이
훨씬 더 그럴듯하다는
나만의 착각이어도 좋을
한마디로 쟁여 놓는다

"사랑 하나로 충분했노라"

내일의 희망을 외치며
존재를 존재답게

1) "오랜만에 마셔보는 포도주인걸… 맛이 좋아…"

사랑 춤판

사랑의 느낌은
가슴에 손 얹어
살금살금 걸어오다 멈추고
뒤돌아서는 술래잡기

죽을 것 같은 여름
하늘 가리는 땀방울로
봄 자리에 두고 온
사랑방을 가리면
어느새가 다가온
저만치 보이는 가을 희망

사랑을 가늠하는 노래
태양을 쫓아가는
철새의 여유로움과
매미의 탈피를
시상 속에 담아 두어야
그제야 반기는 눈짓

수도 없이 보내는 계절

꿈에서 깨어나 꿈을 보면

사랑은 그렇게

슬며시 다가와 하나된

오늘 이 자리 살 만한 춤판

오늘 이 자리 살 만한 춤판
슬며시 다가와 하나된
사랑은 그렇게

사랑의 말

함께

늘 언제나

그리움

설렘

신비

샘솟는 기쁨

눈물겨움

감동

향기

평화

쉼

여유로움

달콤함

눈부심

충만함

만족

행복

밤을 지새도
끝이 없겠다
사랑이라는 말
한 마디만으로
입을 닫아야 한다

사랑이라는 말
끝이 없겠다

사랑하기에

향기 되어 날리는
그때 그곳
열정적인 하늘 끝에서
물소리도
바람 소리도
숨죽여 땀흘리며
하루에는 너무 짧은
사랑의 본능을 흐느꼈다

눈가에 이슬
추억의 흔적을 더듬어
꿈으로
회상으로
다시 한번 기도하면
처음 그날의 눈물로
다시 돌아와 마주하고
그냥 눈감아 안아준다

아무리 아파도
꾹 눌러 지워지지 않는
세상 가장 황홀한
심장 뛰는 경험은
다시는 오지 않을
천국의 요정이라 부른다
사랑하기에

천국의 요정이라 부른다
사랑하기에

술래잡기

구름을 잡으려다
바람을 놓치고
꽃을 찾아 나섰다가
숲을 만나
깨어나기 싫은
깊은 꿈을 꾸었지요

하늘을 바라보면
왜 첫사랑이 슬프다고
그렇게 얘기하는지
조용히 알려주네요
첫사랑은 머리가 아닌
가슴으로 하기에
그리도 슬프답니다

그대만의 향기로 남아
빨간 장미를 그리면
소망 품은 별이 되어

꿈꾸는 몸짓
맘껏 다시 한번
파도의 부서짐에 섞입니다

사랑의 절정은
함께 죽어도 좋은
십자가 피 흘림의
닮은 꼴이기에

앎

행복을 논하려거든
미소 품었던 날
꽃향기 날렸는지
돌아보아라

사랑을 누리려거든
가슴 뛰던 날
얼굴이 화끈거렸는지
생각해 보아라

떨림이든 흥분이든
꿈을 꾸는 날
깨어나지 않도록
안아주리라

별 하나 달 하나
황홀한 그날
들판으로 뛰어가

춤을 추리라

그날 춤을 추리라
얼굴이 화끈거렸는지
꽃향기 날렸는지

희망가

눈을 감아야
내가 보인다면
헛수고라 해도
눈감으러 가야 한다

여름 끝물에
잠에서 덜 깨어난
봄꽃들의 잠꼬대
결코 허망함 아닌
희망의 노래로
펜 끝에 묻어나는
사랑스런 생명이 된다

절절한 포옹으로
미칠듯한 향기 맡으며
깨어나지 않으면 좋을
쉼을 갈망하도록
눈감으며 망각을 부른

끈기

그림자 밟다 보면
끝끝내 따라오는
미워할 수 없는 분신이
힘겹게 붙좇아 온다

한 번쯤 아니 자주
주저앉고 싶을 텐데
축 처진 어깨를 세우며
햇살 기운 충전하고
죽어도 다시 일어선다

나는 그랬다
당신의 향기는
언제나 풋풋하다고
당신의 미소는
언제나 치명적이라고

얼만큼이나 더

사랑을 노래할 수 있을까

언제쯤이면

사랑이 추억이 될까

하늘이 그대로이듯

사랑은 나이테만 두르고

더 지독한 몸살을 앓을 거다

언제나 그랬듯이

언제나 그랬듯이
하늘이 그대로이듯

숨같은 사랑

돌고 돌아가는 길
평생을 어떻게 살아왔는지
길고 긴 묵상의 아쉬움
어느덧 가을바람 타고 왔다

조금 빈듯한
한 모금 호흡이라 해도
꽉 막혀버린 세상
심박수 올려가며
희망의 틈을 벌려야 한다

시작의 땀방울이
기대를 만들어 주는
마냥 아름다운 날들이기에
두려워진 점으로
묻지 않아도
언제나 사랑이 꿈틀대는
지금을 살아간다

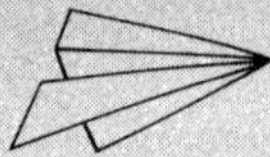

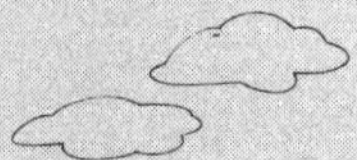

제3부

사랑 하나로 충분합니다

오롯이

빗방울과 손잡아
떠나가는 여름 배웅하면
눅눅하기만 했던
고백하지 못한 아쉬운 날
청춘을 소환한다

똑바로 보고 싶다고
마음의 울림이 요동쳐
무뎌진 가슴으로도 느끼는
신성한 사랑의 다짐
신비스런 고백의 충격

강조해도 지나치지 않은
순리의 미학이기에
쓰러지고 부서져서라도
채워지고 넘쳐나는
행복이라 불리는 동행

그냥

그냥 눈 감으면 돼
자꾸 아파하지 말구
생각이 다르다고
나쁜 건 아니니까
스치는 바람에도
향기 가득한 너였잖아

그냥 웃으면 돼
거울에 비치는 반짝임
아니라도 좋아
적막한 어둠에도
따스한 손 하나로
아름다운 너니까

실존

어느 시인[2]이 노래한
안개 속에 숨고
나무 뒤에 숨은 삶을
뭐라 하고 싶지 않지만
하나밖에 모르는
무모함이라 말하는 용기로
안개를 거둬내고
나무를 베어 버린다

그제야 보이는 실체
머무름과 떠남의 주체로
끝없는 고백을 해야 한다
사랑할 수밖에 없다고
그래서 살았고
그래야 산다고

중요한 건
안개도 아니고 나무도 아니다

사랑을 알고 있는
내가 있는 것이고
당신이 있는 것이다

---

2) 나는 류시화의 〈안개 속에 숨다〉를 읽고 난 후 나의 느낌을 서슴없이 표현했다. 내가 류시화는 아니니까.

비가 주는 사랑 느낌

하늘이 열렸다
가을 손님을 모셔온다며
깨끗하게 샤워하고
촉촉하게 적시는
콧노래 흥얼거림으로
창문을 문질러준다

마지막 초록을 빛내려
여름 찌든 때를 벗겨내며
무거운 욕심 토해내고
어여쁜 내일의 희망
한가득 안아주는
진실로 얻어지는 꿈을
끝없는 노래로 장식하여
한 걸음 두 걸음 웃음으로 찍는다

가다 보면 마주칠 얼굴이
기대로 엮어지는 마음과

위로의 어깨를 내어준

신나는 바람결에 손 내밀어

너무 익숙한 느낌이라며

아픈 만큼 탐스럽게 영글어

행복의 느낌표 힘차게 마감한다

남습니다

미움은 낮빛을 못 가려도
사랑하는 마음은
우주를 다 덮고도 남습니다

한마디 독한 말 후회를 남겨도
사랑한다는 한마디는
세상을 다 얻고도 남습니다

청춘을 가져간 세월 가슴 아파도
늘 그리움으로 동행한 날들은
추억의 궁전 세우고도 남습니다

인생 반성문 아쉬움 투성이지만
하늘만큼 땅만큼 사랑 외친 날은
최고의 행복 누리고도 남습니다

사랑 시 매일 뽑아도 미완성이지만
사랑 하나로 충분하다고 말하면

하늘 가는 날까지 쓰고도 남습니다

하늘 가는 날까지 쓰고도 남습니다
사랑 하나로 충분하다고 말하면

사랑은 언제나

헤어짐이라는 말이
점점 익숙해지는 계절은
만남이 그리워지는
가을 하늘을 데리고 온다

눈맞춤으로 구름을 타고
손잡음으로 바람에 실려
안아줌으로 웃음을 잡은
행복의 꿈이 사랑으로 온다

인생이 뭐냐고 묻지를 마라
살아온 날들로 충분하고
만나서 웃고 우는 것으로
꽃은 벌써 마음에 피었으니

이제 돌아간다고 해도
추억 한가득 담은 가슴
감사함으로 눈감을 수 있으니
사랑은 언제나 좋은 거다

행복

보고 싶은 사람 보고
먹고 싶은 음식 먹고
하고 싶은 일하는 게
행복이라는데

오늘 살아있음으로
감사할 수 있으면
모든 행복 다 누릴 수 있고
덤으로 은혜가 있으니
세상이 날 부러워한다

꽃 피는 봄이었으니
푸르른 여름이 좋았고
추억을 부르는 가을이
꿈꾸는 겨울을 부른다
끝까지 사랑한다고

귀천의 꿈으로

말은 삶이었는데
생존이 되어버린
가슴 아픈 하룻길이
한번쯤은 소리내 울고 싶은
사나이 가슴 되었다
귀천의 꿈으로

가고 또 가다 보면
외로움은 겹겹이 쌓여
마르지 않는 강의 전설되고
오작교 만들어 줘야 할
익숙한 이야기 귀담아
꿈이라도 사랑할 거라고
멋스럽게 노래 부를 거다
귀천의 꿈으로

언젠가는 이루어질까
지난봄에 느꼈던

저 지난겨울의 아픔과

지금도 가슴 긁어대는

설움 가득한 봄날의 언덕이

가을이 와도 겨울을 보며

여전한 싸움을 할 거다

사랑은 어떤 말로도 생명이니까

귀천의 꿈으로

들녘에게 하늘에게

가을의 들녘에게
편지를 써주러 가야겠다

한낮의 눈부심이
아직은 땀방울을 주지만
유난히 파란 하늘을
가볍게 헤엄치는 구름이
아픈 여름날 슬픔을
달콤한 결실의 향으로
사랑을 하면 예뻐진다고
두근거림으로 고백한다

더 풍요로워진 하늘에게
노래 불러주러 가야겠다

책 한 페이지 넘기며
감동을 보았다면
마음 한자락 걸어낸 자리엔

그리움 엮어 놓은

노래 한마디 춤을 추고

인연의 숲을 함께 걸어

감사한 사람이라고 고백한다

편지를 써주러 가야겠다

가을의 들녘에게

행복한 사람

내 나이가 어때서를 부르다
새벽 한기에 눈물 닦고
이젠 정말 옛날이 그리운
흐릿한 백열전등 밑에서
칠성노트 펼쳐 끄적이던
생활 일기장 정겹다

바람이 불면
괜히 머리카락 휘날리며
누가 봐 주는 것도 아닌데
무슨 고독이 그리 많다고
지금 생각하니 완전 개폼이다

한 페이지 속 끄적임
누군가를 좋아한 것 같은데
왜 이렇게 웃음만 나는지
40년 가까이 묵은 세월
누렇게 바랜 노트 멋지다

그때 그 시절로
미치도록 돌아가고 싶은
말리지 못하는 오늘이다
사랑이라는 감정은
그 어느 때이든 아름답다

오늘도 시와 사랑이 있어
행복한 사람이다

사랑의 말

— 이해인 수녀의 '사랑의 말' 변주곡

여기는 하늘

섬 자락 추억 앨범 펼치는
그리움의 음률

솜사탕 뭉게구름
따뜻한 햇살 비 모아
당신을 사랑합니다

여기는 호수

청풍명월 거울 부르는
고요한 미소

단풍 물든 빛깔로
옷자락 휘감아
당신을 사랑합니다

사랑 하나로 충분합니다

사랑 하나로 살 수 있냐고
묻는 사람이 있습니다
그럼 무엇으로 살 수 있고
무엇으로 사냐고 되묻습니다

돈 때문에 웃는 인생은
돈으로 아픈 매를 맞지만
사랑 때문에 눈물 흘린 인생은
사랑으로 살 만한 세상을 만납니다

조건을 붙이는 하루하루는
조건 떠나는 날 허무함이 되고
무조건 사랑으로 노래하는 날들은
끝까지 남아 지켜주는 사명이 됩니다

살아가는 이유 많이 있겠지만
하나둘 걸러내다 보면
마지막 진액으로 남게 되는 건
사랑 하나로 충분합니다

10월의 사랑

10월은 중년이다
높은 하늘만큼이나
황금빛 물결로 옷 갈아입는
만종의 들녘이 멋있고
오늘이 행복한 건
당신 때문이라는
따뜻한 계절이다

현실을 도망가는
쪼잔함보다는
차라리 세파에 매를 맞고
훈장 같은 생채기로
낙엽 밟는 소리를 보는 게
10월의 속 깊은 마음이다

아픔이 선물이 되려면
한마디 말에 녹아지는
날 닮은 사람이

곁에서 웃고 있는
주름진 얼굴의 만남으로
오늘을 손잡고 가는
그냥 행복한 노래이다

滿秋之愛 만추지애

후회하고 싶지 않다
하늘이 부르는 날에
누군가 하는 말
더 많이 웃고
더 많이 베풀고
더 많이 사랑할걸
그래서 눈물이라면
너무 가슴이 아릴 것이기에

만남을 우연이라 하지 말라
계절이 돌듯
사람은 인연으로
오늘을 웃고
내일을 기다리는
바람 불어도 좋은
가을 햇살 담은 외출이기에

터질듯한 느낌 가득

추억의 숲으로

두근거리며 걸어간다

가을 햇살 담은 외출이기에
내일을 기다리는
만남을 우연이라 말하지 말라

나

이성이 흐릿해지면
무모한 감성이 되어
소나기 같은 사랑을
미치도록 하면서도
심장의 뜨거움은
아무런 문제도 없이
신경 머리끝까지
뚫고 올라가는 급행열차다

인생이 비극이라고
하늘을 수도 없이 흘겨도
희극의 날들로 노래하던
무대 위 서있는 주연으로
그렇게도 가을 사랑 꿈꾸며
별 따러 가든
달 따러 가든
한 줌 행복을 움켜잡은
정말 아름다운 나

바보 사랑꾼

눈에 넣어봐도
마음에 담아봐도
꿈으로 갖고 가도
생각 하나만으로도
사랑을 노래하는
당연하고 당연한
불변의 진리

진실이 진리라고
그렇게 힘주며 외쳤던
거침없는 씀씀이가
천번 만번 이해되고
사랑 하나로 살기엔
현실 모르는 이상주의자라는
혹평과 비꼼이 있어도
오늘을 살아가는
끝끝내 바보 사랑꾼

NOW & HERE

마음 졸이는
세월의 아쉬움조차도
날 돌아보는 거울

욕심 보따리 열고
미움의 끈 풀어내면
웃음 묻어나는 오늘

벗겨내지 못한
그리운 얼굴 간직하고
사랑한다 좋아한다
눈물 닦아주는 고백

단풍으로 옷 갈아입고
낙엽으로 노래하는
계절이 살아있다는 역설

가난함도 부요함도

그리움 차오르는

세월을 뛰어넘은 비움

가슴 뛰는 오늘 행복

웃음 묻어나는 오늘

날 돌아보는 거울

우리

살아가면서
최고의 신비는
자꾸만 닮아가는
너와 나의 모든 것

눈빛도
마음과 생각도
보여주지 않아도
훤히 보이는
기분 좋은 알아차림

사는 게 별거 아닌
익숙하고 편리한
오랜 동행의 편안함

파란 하늘
어느새 펼쳐진
우리의 이야기

오늘도 행복
그리고 사랑

그리고 사랑
오늘도 행복
우리의 이야기

처음처럼

처음처럼이라는 말
참 좋다

가슴 두근거리던 날
그냥 빠져버린
심지다방의 초우
잔잔한 호수에
물보라 일으키며
춤추기 시작했지

하루가 떠난 만큼
사랑해야 할 날
한 뼘 더 짧아지고
더 채워야 할 빈자리는
우리가 잊고 있었던
뜨거움으로 읊조린 노래

자꾸만 촉촉해지는

궁상맞은 눈망울에

더 유치해진

나이를 잃어버리고 싶은

시와 사랑의 꿈

그리고

그리운 겨울 여행

우리 처음처럼

갈 테면 가라지

외로움
갈 테면 가라지
마지막 잎새로 겨울을 나든
낙엽으로 스러져 가든
그리움 가득 머금은
붉은 노을만 남겨놓고
갈 테면 가라지

젊음
갈 테면 가라지
눈가에 잔주름으로 웃든
이마에 굵은 고랑으로 울든
평생을 땀으로 보람 삼은
청춘의 수줍음 남겨놓고
갈 테면 가라지

세월
갈 테면 가라지

소망의 노래로 춤을 추든
세월 보낸 연륜으로 타령을 하든
한마음으로 안아준
처음 사랑 잔잔하게 숨 쉬니
갈 테면 가라지

외로움 젊음 세월
갈 테면 가라지

사랑 인생

빗소리 마음을 모르면
아픔을 논하지 말고
그리움을 모르면
만남을 약속하지 말라

눈물을 훔치지 못하겠거든
단풍을 꿈꾸지 말고
부활을 못 믿겠거든
낙엽을 감상하지 말라

하늘 끝이라도 쫓아가
내줄 수 없는 정인이라고
옷자락이라도 잡으면
보고픔이 도망갈까

이래도 저래도
인생의 똑딱 시계는
오늘을 살아보자고

미끄러져 가는 특급열차다

사랑이 생각나는 오늘
꿈으로 펼쳐본다
그렇게라도 해야
세월 멋지게 낡을 테니까

그 무어든 추억

사랑하는 마음은
지난 봄날 꽃눈 날리는
호수공원 사뿐하게 걸었던
하늘색 꿈 옅은 미소

꽃향기 불러낸
연정의 가슴 두근거림은
말하지 않아도 너울너울
이미 열정을 품어버린
하늘 아래 숨은 그리움

살아온 만큼 살 수 있다면
기분 좋아서 쓰러질 듯
풍선처럼 부풀어도
결국은 하나의 꿈
하루를 살아도
하고 또 하고 싶은 건 사랑

이제 곧 별빛 쏟아지면

바다로 뛰어나가

그때 그 숨결 찾아

부르고 또 부르리라

파도 소리 들으며

그런데

비 내리는 소리는 더 좋았다

외로움을 즐기며

혼자라는 사실이
에덴동산의 이브 없는 아담이
무의식 속에 잠들어
갈비뼈의 통증을 느끼던
하나님의 밑그림을
오비이락이라는 말로
다 설명이 되어질까

둘이라는 사실은
실낙원의 강을 건너
피와 땀을 넉넉하게 흘려
소유와 누림이라는
만족과 자족의 징검다리를
기쁘게 오갈 수 있다면
행복으로 출렁이는
멈출 수 없는 은혜와 사랑

혼자여도

둘이 함께여도

외로움은 선물이다

외로움은 선물이다
둘이 함께여도
혼자여도

사랑 사랑 사랑

생각하는 사람은
상상의 꽃으로 웃고
말로 하는 사람은
붉어진 얼굴로 웃는다

추억으로 가는 사람은
웃음으로 피어나고
현실에 사는 사람은
아픔으로 숨는다

사랑이 좋은 건
눈물을 말려주고
하늘색 마음에
예쁜 얼굴 그려주기 때문

사랑을 하는 건
끝나도 끝나지 않은
오늘 부르는

영원한 노래

사랑은
시 한 편 속에 담아내는
끝없는 노동

눈물을 말려주고
사랑이 좋은 건

인생

산다는 건
책 한 페이지 넘겨
기대했던 반전의 드라마
그 장면을 읽어 내려가
안심의 숨을 쉬는
털털하지만 소중한
꿈과 소망의 동산

설렘의 일 막 끝나
또다시 살아봐야 할
이 막 삼 막의 부딪힘도
눈과 같이 조용히 쌓여
오래도록 남아있어
웃음으로 밟아주고
눈물로 녹여줘야 하는
나다움의 노래 불러야 할
사랑의 무대

본능, 갈망, 고백

겨울의 칼바람이 앗아간
봄을 그리는 마음에
차곡히 쌓이는 그리움
그건 하나이고픈 원초적 본능

또다시 북풍이 불어온대도
깊이 품었던 사연
더하면 더했지
식지 않는 본능적 갈망

봄바람으로 익어가는 들녘
움츠려 버티며 담아 두었던
있는 그대로 토해내고픈
옷 벗어 버린 원시적 고백

본능이든
갈망이든
고백이든
사랑으로 통하는 우리

겨울 소망

조금은 거친 숨결의 밀어가
침묵의 공간을 불 밝히고
맞잡은 손으로
열기를 식혀 주었다

적당한 그리움은
막막한 하루를 닫아주고
그리움의 눈물은
벌렁이는 가슴을 달래며
사랑을 사치라고 비웃는
인정머리 없는 속물들에게
사랑 하나로 충분하다고
깊고 굵은 철필로 외치면
아낌없이 안아주는 나의 체온
무조건 예쁘기만 한 너의 전부

겨울이 가기 전에
활짝 웃고 싶다

겨울이 가기 전에

추억 여행하고 싶다

사랑하는 그대와

춘몽(春夢)

밤새
창문 간지럽히는
가녀린 봄비

먹구름 걷어내도록
눈을 깜빡여도
여전한 흐림

낙수로 땅을 헤집어
마음을 알아차린다면
춘풍이 말하네
얼마나 더 흠모할 거냐구

이미
봄날은 사랑이다

너를 품다

순수를 찾는
사랑 농도의 표준이
햇살로 내리고
이슬로 젖어야
네 안에 있다 말하고

이상을 꿈꾸는
미래의 청사진은
눈물을 감추고
미소로 안아주어야
내 안에 쉬라 끌어주네

봄날 꽃향기 날리는
늘 애틋함이고픈
흑백사진 속 웃음은
눈물을 흘려줘야
오늘을 살아가는 감성
제대로 살려준다
여전한 사람으로

사랑뿐인걸

눈감아 묻어 버린다고
그리움이 작아진다면
밤낮을 오가는 달덩이
눈썹 되어 씰룩이며
쓰디쓴 눈물 받아 삼켰을 터

겨울 끝물을 슬퍼하는
가슴 휘집는 바람 너무 시리게
꽃망울 터뜨리려는
언덕을 밀고 오는데
기억 속에 있는 봄 향기를
억지로라도 잊어야 한다고
바람으로 구름으로
다시 한번 붓칠하면
그대 가슴에 물들고 싶은
어제오늘 그리고 먹먹함
그렇게 사랑을 꿈꾸며
사랑뿐인걸

사랑숲 거닐며

회색빛 칙칙함 떨구고
대차게 들이대는
연둣빛 행진의 뒤편
하늘과 교차하는 들녘
바람을 불러 연애하는
때 이른 들풀의 몸부림이
말을 시키기도 미안한
터질듯한 꽃망울에게
툭툭 건드리는 몸짓으로
간지러운 웃음을 보낸다

다시 생각나는
안개에 쌓인 오솔길
뽀얀 햇살 비칠 때
손잡은 촉감으로
말할 필요도 없이
이미 사랑에 빠졌다

꽃 사랑

벚꽃 흐드러진다

새벽 이슬비에
연분홍 향을 토해내며
비 갠 하늘
아침 바람으로
와락 안아준다

한쪽 구탱이
하얀 속살 드러내는
광기 어린 몸부림
목련의 고고함으로
버텨보지만
봄날 사랑의 몸살
그 뜨거움 앞에
슬며시 눈물 흘린다

시간으로 붙잡지 못해도

그대는 이미 나

내 안에 그대

봄을 사르는 그리움

그대는 이미 나
시간으로 붙잡지 못해도
벚꽃 흐드러진다

사는 길

당신의 눈물 맛을
다 알 수는 없겠지만
눈물로 적셔진
당신의 마음을
헤아릴 수는 있겠어요

말하지 않아도 돼요
그냥 기대요
힘들면···
재지 않아도 됩니다

사랑한다고 말할 게요
그래야 나도 살겠으니까요

들켰어요

밤새도록 적막이라는
외로움의 숲을 달려온
잔뜩 가슴 할퀸 자리에
그대의 짧은 흔적이
온기 되어
상처를 싸맵니다

모른 척
못 본 척
못 들은 척
아니, 안들은 척해도
마음은 이미
꺼풀을 벗어 버렸으니까

당신 마음
나한테 들켰어요

결론

문득 가끔씩 불현듯
나 자신의 모습
거울에 비춰보며
깊어지는 생각

바보
답답이
꿈 깨고 살아라
현실만을 살든지
내일을 죽이든지

나도 모르겠다고
내팽개쳐 버리고 싶은
끝까지 움켜쥐고 있는
내 삶의 지주
그것마저도 내려놓으면
어찌 될까를 고민하는
토막의 시간들 많아지고

침묵의 시간 깨어나도

결론은 당신

미친 사랑의 노래

결론은 당신
침묵의 시간 깨어나도
토막의 시간 많아지고

세월 그리고···

인생의 나이는 그저 숫자일 뿐
젊음이 가고
황혼이 오면 더 설렘을 갖자
훨훨 자유의 시간 누리게

매이지 않는 시간표를 짜서
마지막 잎새에게 달아주면
가을 찬 바람 겨울을 델구 와도
하나도 밉지 않은 친구 되고

가벼운 몸뚱아리 누울 곳
따뜻한 구들장 한 평이면
충분히 숨을 쉬고도 남을
내 청춘 예쁘게 짊어지는 지게로

남들 인생 어찌 살았는지 몰라도
주름진 얼굴과 손등만 봐도
내 안에 일었던 정겨움
널 위한 사랑으로 노래한 한 평생

오늘을 살다

낙엽이 쓸쓸하면
분 내음 그리운 설렘
마음 간지런 안아줌

창가에 부딪힌 빗방울
눈가 촉촉해지면
마주하는 차 한잔 기쁨
가슴 두근거리는 손잡음

높푸른 하늘 눈 시리면
생각나는 결혼 행진곡
넘어져도 다시 일어난 행복

눈감아 떠오른 초우
꿈으로 이어진 향연
소망으로 이루어질 동행
끝없는 사랑